AF509809

Docteur DE RIBIER

LA

RÉVOLUTION FRANÇAISE

VUE PAR UN AUVERGNAT

CORRESPONDANCE DE GÉRAUD-TIMOTHÉE DENEVERS

PARIS

LIBRAIRIE ANCIENNE HONORÉ CHAMPION

Edouard CHAMPION

5, QUAI MALAQUAIS, 5

1926

LA RÉVOLUTION FRANÇAISE

VUE PAR UN AUVERGNAT

CORRESPONDANCE DE GÉRAUD-TIMOTHÉE DENEVERS

Géraud-Timothée Denevers naquit à La Roquebrou (1),
le 7 juin 1769. Il appartenait à une ancienne famille
d'officiers de justice seigneuriale et de notaires royaux,
connue dès le XVIᵉ siècle, et qui possédait un tombeau
dans la chapelle de Sainte-Anne de l'église paroissiale
Notre-Dame de Miséricorde de La Roquebrou (2). Son
père, Jean Denevers, notaire et contrôleur des actes,
eut vingt enfants de ses deux mariages. Veuf, le 27 septembre 1761, d'Anne Tissandier, de Seignerolles, qui lui en
avait donné cinq (3), il épousa, le 17 novembre suivant,
Marianne Bousquet, héritière du domaine de Floret, dont

(1) Chef-lieu de canton de l'arrondissement d'Aurillac (Cantal).

(2) Comme beaucoup de familles bourgeoises, les Denevers avaient des
armoiries; ils portaient : *D'azur, au dauphin nageant d'argent, au chef
cousu de gueules* (Argenterie et cachet de famille).

(3) Deux fils et trois filles : L'aîné, Géraud-Timothée, parrain de son
jeune frère, naquit le 3 janvier 1756, épousa en 1783 Marguerite Veyrac,
de Rouffiac, et fut la tige des Denevers, de Rouffiac, aujourd'hui repré-
sentés à Middelburg (Hollande) et des Sclafer de Chabrinhac, de Seignerolles. Notaire à Rouffiac, avant la Révolution, il se qualifiait :
seigneur de La Bonnefoucie, Clavières, co-seigneur de Montvert et de
Sanhemoussouse. Il est mort à Seignerolles le 20 septembre 1838. Le
second, Joseph-Bernard, dit *Duverdier*, né le 15 janvier 1761, fut notaire
et maire de La Roquebrou en 1789 et 1791. Il mourut au Lac, commune
de Saint-Gérons, le 21 septembre 1838, ayant eu huit enfants de
Françoise Imbert, qu'il avait épousée le 7 janvier 1784. C'est l'arrière-

il en eut quinze. Notre personnage était le cinquième fils issu de cette seconde union.

A la mort de sa mère, il n'avait pas douze ans (1), et cette perte mûrit rapidement sa jeune intelligence. Son père, d'un caractère dur et autoritaire, éleva sans faiblesse et aussi sans douceur les douze enfants qui lui restaient encore. La vie n'était pas toujours gaie à Floret (2) ! Aussi l'enfant se promit-il de devenir indépendant et de sortir de la médiocrité.

Il obtint de son père l'autorisation d'aller à Paris. C'était en 1788, à la veille de la Révolution, et le jeune *Roquet* de dix-neuf ans dut se trouver fortement dépaysé dans la capitale en ébullition. Néanmoins, il se mit courageusement au travail ; d'abord étudiant en droit, puis scribe dans un des bureaux de la Convention, il fut nommé, à la fin de 1793, commis-greffier au Tribunal de Cassation, grâce à l'appui de deux de ses compatriotes, Joseph Coffinhal et le sinistre Carrier.

Passé ensuite comme commis-greffier à la section civile de la Cour de Cassation, il occupa ce poste jusqu'à sa mort.

Denevers a publié, d'abord en collaboration avec Sirey, puis seul, le *Journal des Audiences de la Cour de Cassation* (3), travail très important, qui fut l'ancêtre du *Traité*

grand-père de M. Adolphe Denevers, de La Roquebrou. — Des trois filles : l'aînée Marianne (1753-1793) épousa, en 1775, Antoine Dubuisson, docteur en médecine, maire de La Roquebrou de 1792 à 1795 et de 1800 à 1804 ; les deux cadettes moururent en bas âge.

(1) Marianne Bousquet mourut de suite de couches à La Roquebrou, le 31 janvier 1781, à l'âge de trente-huit ans. Elle avait eu quinze enfants, dont neuf lui survécurent.

(2) Floret, enclos et belle maison, reconstruite au début du xixᵉ siècle, par Pierre-Hilaire Denevers, notaire, troisième fils de Marianne Bousquet. C'est aujourd'hui la propriété de M. le Dʳ Charles Chanut.

(3) *Journal des Audiences de la Cour de cassation*, ou recueil des principaux arrêts rendus depuis 1791 jusqu'à l'an 1813. Paris, 1809-1814, 11 volumes in-4°.

de Jurisprudence de Dalloz et consacra la notoriété de son auteur.

Il mourut à Paris le 23 septembre 1843, et ne revint jamais à La Roquebrou, mais il entretint une correspondance très suivie avec sa famille. Nous possédons un dossier de trente-huit lettres qu'il adressa à son père et à ses frères, lettres où il leur raconte, dans le style emphatique de l'époque, les principaux événements de la Révolution auxquels il a assisté : prise de la Bastille, 9 thermidor, etc. (1).

Géraud-Timothée Denevers avait épousé à Paris Marie-Joseph Thibert (2); elle mourut à Paris le 7 octobre 1831, lui ayant donné cinq enfants (3), tous nés à Paris :

A. — Jean-Baptiste-Théodore, né le 2 mars 1797, avocat, bibliothécaire de la Cour de Cassation, chevalier de la Légion d'honneur, mort célibataire à Paris (X^e), le 11 novembre 1867.

B. — Nicole-Joséphine, née en 1799, mariée à Paris (VIIe), le 18 juillet 1822, avec Charles-Louis-Raphaël Demeultre, morte à Paris le 21 août 1881, laissant deux filles (4).

C. — Julie, née le 18 mai 1802, mariée à Paris (V^e), le 11 juin 1835, à Jean-Abraham Deschamps, capitaine de corvette, officier de la Légion d'honneur, dont un fils (5). Elle est morte à Paris (XVIIe), le 21 décembre 1895.

D. — Jean-Baptiste-Adolphe, né le 3 août 1803, capitaine au 10e cuirassiers, chevalier de la Légion d'honneur ; mort sans alliance, à Paris, à l'hôpital Beaujon, le 11 août 1859.

(1) Ces lettres sont la propriété de M. Denevers, de Middelburg (Hollande), à qui nous avons été heureux de les offrir.

(2) Cette dame avait un frère, Jean-Baptiste Thibert, ancien greffier à la Cour de cassation, décédé à Paris, 58, rue Jacob, le 24 septembre 1846.

(3) Un des enfants mourut, alors qu'il était au collège, ainsi que nous l'apprend une lettre de son père. Nous n'avons pu retrouver la date ; la Commune ayant incendié l'état civil de Paris, qui n'a été que partiellement reconstitué.

(4) Mmes Bellangé et Govin.

(5) Charles-Abraham Deschamps, capitaine au 3e tirailleurs algériens, tué à la bataille de Werth, le 6 août 1870.

Lettres et extraits de lettres de Denevers.

I

Paris, le 18 juillet 1789.

Cette semaine sera une époque bien terrible et bien glorieuse à la fois pour les Parisiens, qui jusqu'ici s'étaient endormis dans la mollesse, dans une oiseuse lâcheté, et dans un grand luxe. Mardi 14 sera un jour mémorable dans l'histoire, il sera remarquable dans les annales françaises ; c'est ce jour-là que notre liberté aura pris naissance du despotisme. Le peuple français, qui avait courbé la tête pour recevoir son joug sous le poids duquel il a gémi tant de temps, jouira désormais de la plénitude de ses droits, qu'il avait dans son origine, et il n'y aura, je pense, que le mérite qui soit accessible à la noblesse ; nous pouvons regarder les aristocrates comme terrassés.

Je n'entreprendrai pas de vous faire un récit détaillé des événements qui donnent tant de célébrité à cette semaine. La faiblesse de mon génie et l'ingratitude de ma mémoire sont deux obstacles que je m'efforcerais en vain de surmonter pour remplir cette tâche. Je me bornerai à vous tracer les plus grands événements qui se sont succédé cette semaine à Paris. Soyez persuadés que le récit succinct que je vais vous en faire sera conforme à l'exacte vérité.

Mais, avant de vous raconter les faits, il est bon que je vous observe que, pour ne pas les dénaturer, je serai obligé de nommer plusieurs endroits que vous ne connaissez pas pour n'avoir pas resté à Paris, mais ceux qui y ont resté pourront vous donner quelques éclaircissements.

Je viens au récit.

Le peuple de Paris fut instruit, le dimanche, que le roi avait exilé M. Necker hors du royaume. Cet honorable ministre lui dit qu'il ne pouvait pas voir d'un sang-froid les artifices que (1) ses autres ministres et les courtisans avaient empêché que la vérité ait jamais pu parvenir aux oreilles de Sa Majesté. Vous devez croire si tout le monde fut sensible à cette perte, ainsi qu'à celle de quelques autres ministres, que le roi renvoya aussi. Il courut encore un faux bruit sur l'enlèvement des principaux députés et sur la dissolution des Etats généraux. Ces événe-

---

(1) *Sic.* Il faut sans doute lire : *par lesquels.*

ments inspirèrent l'alarme aux citoyens de la capitale, surtout le renvoi de M. Necker, sur lequel la nation fondait ses plus grandes espérances. Tous les esprits ne tardèrent pas à être échauffés. Ils étaient déjà en effervescence sur le refus que le roi avait fait de faire retirer les troupes cantonnées aux environs de Paris. Le bas peuple commença à prendre les armes le soir. On fit fermer tous les spectacles, et environ huit heures du soir il fut attaqué un régiment de dragons qui était campé aux Champs-Elysées. Les gardes françaises, qui ont toujours oublié leurs engagements pour se rappeler qu'ils sont hommes, et en cette qualité citoyens et patriotes, purent joindre le peuple à la place Louis XV (1). Quoiqu'on y fit une décharge réciproque, néanmoins il n'y eut pas un grand carnage. Le désordre s'apaisa, mais le prince de Lambesc (2) entra à cheval au jardin des Tuileries, où il coupa par le milieu un vieux médecin qui lui dit qu'il ne devait pas animer ses soldats à porter les armes contre leurs frères. Pendant ce temps, le peuple fut à deux barrières, qu'il brûla, ainsi que les registres et papiers du bureau (3).

Pendant la nuit, ce ne fut que vacarme, que des affreux désordres ; on sonna le tocsin dans toutes les paroisses de Paris. Le lundi matin, le peuple armé passait dans toutes les rues et forçait tout le monde à prendre les armes ; mais on ne tarda pas à établir un ordre. Les électeurs de Paris s'assemblèrent à l'Hôtel de Ville pour aviser au parti à prendre ; ils ordonnèrent qu'on s'assemblerait dans les districts, comme on fit pour élire les électeurs pour nommer les députés aux Etats généraux. En effet, chaque individu se rendit dans son district, où il fut décidé qu'on établirait une milice bourgeoise. et qu'à l'Hôtel de Ville on y établirait un Comité permanent ; en conséquence, que chaque citoyen de quelque état et condition qu'il fût donnerait son nom dans son district et qu'il se soumettrait aux lois qu'on y créerait. Chaque district s'occupa des motifs propres à se procurer des armes, et tous les lieux où l'on croyait qu'il y en eût furent assiégés ; la garde de Paris ne fit pas difficulté de délivrer les armes sur la demande qu'on lui en faisait ou qu'elle les portât pour la patrie.

(1) Aujourd'hui place de la Concorde.
(2) Charles-Eugène de Lorraine, duc d'Elbeuf, prince de Lambesc, né à Versailles en 1751, mort à Vienne (Autriche) en 1825. Colonel du Royal-Allemand, fut chargé, le 12 juillet 1789, de disperser les rassemblements qui s'étaient formés sur la place Louis XV.
(3) Barrières et bureaux d'octroi.

Le lundi matin, il n'y avait personne qui fût, pour ainsi dire, en cocarde, et le soir tous étaient décorés d'une. Il y eut, dès ce soir, plus de cent mille personnes armées en patrouille pour veiller au maintien de l'ordre et de la sûreté publique; toutes les barrières furent gardées pour ne laisser sortir personne sans un certificat de la ville, et ne laisser entrer personne sans les mener à l'Hôtel de Ville; on y fit maintes captures de grains et de farines, ainsi que de l'or et de l'argent placés dans des voitures qu'on arrêta.

Ce jour-là les clercs du Châtelet (1) s'assemblèrent dans le parc civil, et les clercs du Palais (2) à la grande salle. On forma deux corps particuliers; les étudiants en médecine et en chirurgie en firent de même; mais cependant le corps des clercs du Palais était le plus nombreux et le mieux discipliné; nous étions près de trois mille jeunes gens. On y créa des grades comme dans un régiment, et nous étions commandés si bien par ceux qui avaient déjà servi qu'on disait que, quand même nous aurions été disciplinés pendant six ans, nous n'aurions pas été mieux rangés. On commença dès ce soir à aller dans les endroits où il pouvait y avoir des armes; on délivra ce jour-là tous les prisonniers qui étaient à la Force (3) pour dettes ou pour différends; on joncha la cour des prisons du Châtelet de cadavres; les prisonniers criminels voulaient sortir, mais on y remédia, et on leur opposa la force.

Je viens à la fameuse journée du mardi.

Les clercs du Châtelet et du Palais, avec d'autres personnes, furent aux Invalides pour enlever les canons et les fusils et toutes autres armes; on n'eut pas de peine à les avoir, car l'affluence du monde empêcha qu'on fît résistance. Je me souviendrai cependant de ce jour, que je regardais pour mon dernier. La multiplicité des choses que j'ai à raconter m'impose silence sur cette scène. Comme j'arrivai un peu tard, j'eus beaucoup de peine pour presser la foule pour descendre dans une cave souterraine privée du jour. Après avoir beaucoup souffert pour entrer, je fus tenté dans ce cachot de plonger une baïonnette dans mon sein; je me voyais quasi perdu avant de

---

(1) Juridiction où l'on jugeait en première instance les affaires civiles et criminelles, et qui avait son siège au Grand-Châtelet de Paris, démoli en 1802.

(2) Palais de Justice de Paris.

(3) Prison qui fut installée en 1780 dans les bâtiments de l'hôtel des ducs de La Force, rue du Roi-de-Sicile, à Paris. Elle fut supprimée en 1850.

parvenir à l'endroit où étaient placés les fusils; on ne pouvait
pas les voir; je tombai trois fois sur des cadavres; il périt dans
cette cave une cinquantaine de personnes. Le trop de monde
empêchait de sortir. Cependant j'y parvins, et j'en fus quitte avec
un coup de baïonnette à la main et l'autre au col, dont j'eus
l'adresse d'éviter la pointe. Bref, j'eus beaucoup de désagrément
pour me procurer un fusil.

A 9 heures du matin environ, trois mille personnes furent à
la Bastille pour lever (*sic*) le siège, mais ce fut en vain; ils s'en
retournèrent tels qu'ils y étaient allés. Environ 4 heures du soir,
on revint à l'assaut en plus grand nombre. On demanda pre-
mièrement au gouverneur de la Bastille les armes et les canons.
Il répondit qu'il ne faisait pas difficulté de les délivrer, mais
cependant qu'il était bon qu'on fit du bruit pour faire voir qu'il
avait fait de la résistance pour les donner. Il fit baisser le pont,
sur lequel il fit passer plusieurs de nos soldats bourgeois. Mais,
à peine ceux-ci furent-ils entrés, qu'on leva le pont. On fit une
décharge sur ceux qui avaient donné dans le piège, de sorte qu'ils
furent bientôt balayés. Mais le peuple et des gardes françaises,
que la trahison de M. de Launey, gouverneur de la Bastille,
avaient échauffés, prirent bientôt la résolution de sacrifier leur
vie. Un garde française gravit le pont; d'autres l'ayant suivi, le
pont se baissa, et pour lors tout le monde entra et fit une
décharge sur les soldats de la Bastille qui étaient sur les rem-
parts, ainsi que les canonniers, qui mirent feu à la mèche de
deux canons. Pendant ce temps, le garde française qui était
monté le premier cherchait partout M. de Launey, qu'il trouva
dans une chambre; il passa dans une lucarne pour y parvenir.
M. de Launey, qui tenait deux pistolets en ses mains, les tira
sur deux qui avaient suivi le garde française, il les tua même.
Après les avoir tués, il s'empara aussitôt d'un sabre, dont il
frappa le garde française, qui le saisit néanmoins. Pour lors, on
arbora du haut des murs un étendard qui était le symbole de
notre victoire; on se saisit aussi d'autres officiers, et puis ils
dirigèrent leurs pas vers l'Hôtel de Ville.

Sur ces entrefaites, les clercs du Palais s'étaient joints avec
ceux du Châtelet. Nous allions tous armés vers la Bastille,
lorsque nous rencontrâmes les victorieux. Arrivés à la place de
Grève (1), les uns voulaient le faire monter au Comité pour le
juger; d'autres demandèrent sa mort sur-le-champ. En effet,

(1) Aujourd'hui place de l'Hôtel-de-Ville.

les électeurs n'avaient pas le droit de le juger. Les uns deman-
daient qu'il fût pendu. L'humanité m'imposa silence, je ne
demandai sa vie ni sa mort, mais je puis dire en homme savant
qu'on montrait sa croix de Saint-Louis et son cordon bleu; il
était traîné; je le vis rouge, écumant de rage, grinçant les
dents, n'articulant ses mots qu'à demi : « *E h, eh, eh*, disait-il,
messieurs, messieurs, laissez-moi, qu'on me tue bien vite. »
Aussitôt, un particulier qui était à côté de moi lui plongea sa
baïonnette au bas-ventre, un autre à la poitrine; ce fut pour
lors des hurlements; on lui tira des coups de fusil; il resta **une**
demi-heure sans pouvoir exhaler son dernier soupir; son genre
de mort fut conforme à sa trahison. Il n'était pas encore mort
qu'on demanda qu'on lui tranchât la tête. Il y eut un monsieur
qui voulut faire l'opération avec son sabre ; il ne put pas, parce
qu'il n'était pas aiguisé. Pour lors, un autre la lui coupa avec un
petit couteau.

Pendant qu'on faisait d'autres exécutions, nous rétrogradâmes
vers le Palais, et, pendant ce temps-là, on fut arracher de
l'Assemblée de l'Hôtel de Ville M. de Flesselles (1), cordon bleu
aussi (2) et prévôt des marchands, qui la présidait. On trouva
une de ses lettres à son domestique adressée à M. de Launey,
dans laquelle il l'invitait à se défendre. Aussi, après l'avoir
descendu à la place de Grève, il subit le même genre de mort
que le gouverneur. Sur le soir, à 8 heures, on promena dans la
ville leurs têtes sur deux piques. On décora ce soir le garde
française qui avait pris le gouverneur de sa croix et de son
cordon bleu; on le promena le mercredi dans un cabriolet ainsi
décoré, avec une couronne de fleurs sur la tête. On m'a dit
aujourd'hui qu'il était mort.

Voyez par là si j'ai trop avancé en disant que ce jour-là serait
mémorable. Des conquérants ont consumé des années pour
prendre la Bastille et n'y ont pas réussi, et elle a été prise en
deux heures, ce qui étonne tout le monde. Quand la force se
joint au zèle et au patriotisme, on consacre ses jours pour le
bien public. Il n'y eut pas beaucoup de sang répandu, à peine
y eut-il 400 hommes de tués de part et d'autre.

Ah! ce fort le plus fort de l'Europe, soit par la solidité des
murs, soit par le train d'artillerie, soit par les communications

---

(1) Jacques de Flesselles, né en 1721, intendant en Bourbonnais, en
Bretagne et à Lyon, fut nommé prévôt des marchands de Paris en 1789 et
massacré le 14 juillet de cette même année.
(2) On appelait cordon bleu les chevaliers de l'ordre du Saint-Esprit.

de Vincennes à la Bastille par des canaux souterrains, on fait
bien aujourd'hui de saper ses fondements, car ce n'est qu'hor-
reur. J'y suis entré en patrouille : on ne peut y entrer autrement ;
mais figurez-vous des noirs cachots où des malheureux avaient
gémi plus de quarante ans ; j'en vis sortir un qui mourut aussitôt qu'il ouvrit l'œil à la lumière (1). La noblesse se réjouit
beaucoup de cette démolition ; il faudra plus de trois mois pour
finir de la démolir ; on veut y faire une superbe place appelée
place Nationale.

Je sens combien il m'en coûte de ne pouvoir vous exprimer
bien naturellement cette scène tragique, pour vous donner une
véritable idée de ce jour-là, qui est regardé à Paris comme un
prodige.

L'Assemblée nationale fit, le 13, un arrêté par lequel elle
déclare que les ministres et les agents civils et militaires de
l'autorité sont responsables de toute entreprise contraire aux
droits de la nation, déclare même que les ministres actuels et
les conseils de Sa Majesté, de quelque rang et état qu'ils
puissent être ou quelques fonctions qu'ils puissent avoir, sont
personnellement responsables des malheurs présents et de tous
ceux qui peuvent suivre ; elle déclare que, la dette publique
ayant été mise sous la garde et la loyauté françaises, nul pouvoir n'avait le droit de prononcer l'infâme nom de banqueroute,
et qu'enfin elle persistait dans ses précédents arrêtés et qu'il
n'existerait plus d'intermédiaire entre le roi et l'Assemblée
nationale. On remit copie de la délibération par la voix du président à Sa Majesté. Le roi lui répondit qu'il y ferait une
réponse. Sa Majesté, instruite des désordres qui régnaient en
cette ville — et principalement les deux têtes qu'on promena dans
Paris lui inspirèrent de la crainte pour sa personne — ne voulait pas ajouter foi au rapport qu'on lui fit de la prise de la
Bastille. Ce fut pour lors qu'il commença à revenir de l'erreur où
ses ministres l'avaient induit et à reconnaître les sentiments de
ses sujets, qu'il avait vus indifféremment jusque-là. Il reconnut
aussi son malheur de s'être fié à ses ministres. On ne peut pas
le dire coupable ; il n'avait pas pu voir la vérité par ses propres
yeux ; les ministres qui l'environnaient étaient intéressés à le
tromper ; chacun sous une apparence de zèle cachait son ambi-
tion ; aussi aujourd'hui tous les individus disent que le roi n'est
pas coupable : les plus sages sont souvent surpris ; des hommes
artificieux et intéressés environnent notre monarque, les bons

(1) Ce fait n'est confirmé par aucun autre témoignage.

s'étaient retirés, parce qu'ils n'étaient ni empressés, ni flatteurs. Un roi est malheureux, s'il ne repousse la flatterie et l'intrigue qui siègent ordinairement à ses côtés; il doit aimer ceux qui disent la vérité.

Voici le discours du roi à l'Assemblée nationale.... (1)

Tous ses représentants furent vivement émus par la sensibilité avec laquelle le roi proférait ses expressions. Il fut de son pied à la salle, accompagné de ses deux frères, seulement le mercredi matin.

Il fut fait aussitôt une députation de cent députés pour apporter cette nouvelle à Paris. Jamais objet ne s'est offert de plus beau à l'œil, jamais rien de plus consolant pour des cœurs agités que l'allégresse exprimée sur leurs figures. Tout le peuple armé fut à leur devant; ce n'était qu'un cri répété : *Vive la Nation!* en demandant M. Necker. Les gardes françaises, les gardes suisses, le guet à cheval et à pied, et généralement toute la milice bourgeoise; on aurait dit qu'il sortait de ceux-ci sous leurs pas; comme Minerve sortit du cerveau de Jupiter, jamais plus de fusils et de piques (2). On prétend qu'il y avait plus de trois cent mille personnes armées. Ils furent à l'Hôtel de Ville, où ils firent quelques discours; on proclama commandant général de la milice bourgeoise M. le marquis de La Fayette et M. Bailly, ancien président de l'Assemblée nationale, prévôt des marchands. En sortant de l'Hôtel de Ville, je me postai bien pour les voir, de sorte que ceux qui avaient montré le plus de patriotisme étaient les mieux fêtés; j'aperçus M. Hébrard (3), que j'embrassai; j'en embrassai autres trois qui se sont bien distingués, surtout Lally-Tolendal (4), député de la noblesse, que j'embrassai après lui en avoir demandé la permission. Je lui demandai de me faire remarquer M. Lally-Tolendal, il me répondit en souriant : « C'est moi, monsieur ». Pour lors je l'embrassai. Tous les

(1) Nous ne reproduisons pas ce discours, qu'on retrouvera dans les journaux du temps, ou dans l'*Histoire parlementaire*. Brochu et Roux, t. II. p. 117.

(2) Cette phrase obscure est textuelle.

(3) Pierre Hébrard de Fau, né à Aurillac le 29 avril 1750, mort dans cette ville le 1er mars 1802, député du Tiers-Etat aux Etats généraux pour le baillage de Saint Flour ; était devenu par son mariage propriétaire du château de La Barthe, près La Roquebrou.

(4) Trophime-Gérard, marquis de Lally-Tolendal (1751-1830), député de la noblesse de Paris aux Etats généraux, émigra en Suisse en 1790, puis en Angleterre, devint membre de l'Académie Française, de la Chambre des Pairs en 1815 et ministre d'Etat.

députés furent ensuite à Notre-Dame pour y chanter un Te Deum, puis ils repartirent pour Versailles.

Le jeudi, il n'y eut rien de remarquable; on continua les patrouilles, toujours nombreuses. J'avais passé la nuit du lundi au mardi en patrouille, et je fus obligé de passer celle du jeudi au vendredi. Nous fîmes diverses captures. On avait le droit de fouiller tout le monde. Toutes les fenêtres furent dès le lundi toutes illuminées, en cas que les troupes ennemies qui auraient voulu nous assiéger fussent reconnues. Il y a des rues toutes dépavées; on avait monté toutes les pierres dans les maisons.

Dimanche matin.

Les députés racontent tout à leur retour à l'Assemblée nationale des honneurs qu'on avait décernés à quelques-uns de ses membres. Une vive joie fut commune à tous les membres des trois ordres; tout ce qui restait de diversité dans leurs opinions disparut, et tous les membres de la majorité de la Noblesse et de la minorité du Clergé déclarèrent qu'ils levaient toutes leurs protestations et toutes leurs réserves contre la réunion entière, ils disent que le courage avec lequel ils étaient restés fidèles à leurs mandats annonçait à l'Assemblée nationale le courage qu'ils mettaient désormais à défendre les principes de la Nation.

Jeudi soir, le roi, instruit des efforts de l'Assemblée nationale pour le déterminer à renvoyer ses ministres et à rappeler M. Necker, et que Paris ne formait qu'un vœu, celui de voir le généreux ministre des finances, le roi témoigna le désir de se montrer au milieu de la capitale. On voulait l'en détourner, en jetant dans son cœur des semences de terreur et d'alarmes; il persista à vouloir partir, et il fixa son départ à vendredi dix heures du matin. La bourgeoisie de Versailles, instruite de cette résolution, s'est aussitôt mise sous les armes et, ayant obtenu la permission d'escorter elle-même le roi, ce prince ne conserva pour toute garde qu'une douzaine de gardes du corps, qui le précédaient de plus de deux cents pas. Deux heures auparavant, une députation de cent membres de l'Assemblée nationale vint à Paris pour y annoncer l'arrivée du roi. M. Bailly, nouveau prévôt des marchands, vint aussi à Paris pour y faire préparer ce qui était nécessaire pour la réception du roi, qui partit de Versailles entre 10 et 11 heures. Sept à huit cent citoyens, armés de fusils, escortant la voiture, étaient distribués en haie. Le roi avait avec lui cinq seigneurs. Il fut conduit jusqu'à Sèvres par les habitants de Versailles. Là se trouva la garde bourgeoise de

Paris, formée de tout ce que la capitale a de plus brillant, qui conduisit le roi jusqu'à l'Hôtel de Ville de Paris; M. Bailly, remplissant les fonctions de prévôt des marchands, lui adressa un discours par lequel il lui dit: « Sire, voilà les clefs de la ville de Paris, les mêmes qui furent présentées à Henri IV, lorsqu'il la conquit. Il avait reconquis son peuple, mais c'est ici le peuple qui a reconquis son roi. » Le roi entra à la grande salle de l'Hôtel de Ville à environ 4 h. 1,2. M. Bailly présenta au roi une cocarde semblable à celle que les citoyens ont adoptée, et Sa Majesté voulut bien la recevoir et la tint constamment avec son chapeau ; on lui adressa des discours; il en avait commencé un, mais l'attendrissement et la vive émotion dont Sa Majesté était pénétrée lui empêchèrent de le finir. M. Bailly s'approcha d'elle, et après avoir reçu ses ordres, dit que le roi était venu pour calmer les inquiétudes qui pouvaient subsister encore sur ses dispositions qu'il avait fait connaître à la Nation et pour jouir de la présence et de l'amour de son peuple, que Sa Majesté désirait que la paix et le calme se rétablissent dans la capitale, que tout y rentràt dans l'ordre accoutumé. Le roi, toujours plus ému, a pu à peine proférer ces paroles, qu'on répéta à l'Assemblée : « *Mon peuple peut toujours compter sur mon amour.* » Le roi se montra par une fenêtre à un peuple innombrable à la place de Grève, à toutes les fenêtres, et qui couvrait tous les toits. Les cris universels de : *Vive la Nation!* retentirent de toute part. Le roi ressortit de la ville et retrouva sur son passage deux haies de soldats, ainsi que les mêmes transports d'amour et de joie.

Ce soir, tous les ministres s'évadèrent, les uns d'un côté, les autres de l'autre. Nous sommes délivrés de ces individus si tyranniques à la Nation. Ce fut le despotisme et tous les crimes qui s'éloignèrent à la fois. Le roi n'a plus pour conseil que l'Assemblée nationale, et celui-là en vaut bien un autre. On dit que le comte d'Artois et toute la maison de Polignac est partie, mais ce fait mérite confirmation.

De sorte que par l'événement je me trouve soldat, décoré d'une cocarde rouge et bleue, portant une épée et un fusil. Il ne faudra pas vous étonner, si je me contredis avec moi-même pour le récit du siège de la Bastille. La prudence m'impose silence ; c'est une scène que je raconterai tôt ou tard.

Ce tissu de nouvelles ne laisse pas de m'avoir donné de la peine.

Adieu.

II

Paris, le 13 septembre 1789.

J'ai avalé d'un seul trait, mon cher frère, l'eau de l'oubli.....
Après de vifs débats, on a décrété que l'Assemblée nationale
serait permanente. La question s'il y aurait une ou deux cham
bres a été plus vivement discutée. M. le comte de Virieu,
trop vivement frappé des inconvénients d'une seule chambre,
qu'il ne voit pas toujours dans un grand calme, laissa échapper
quelques expressions peu mesurées. Voyant l'Assemblée dans la
confusion et dans l'agitation, il dit que ce n'était qu'un *entraî-
nement populaire*. On crut entendre aussi le mot de *démagogue*.
On cria à M. le Président, sur lequel cette expression outra-
geante retombait, de ramener M. Virieu à l'ordre. M. Virieu
voulut reprendre la parole, mais on étouffa sa voix ; des députés
montèrent à la tribune sans pouvoir parler ; ils l'essayèrent en
vain. Fatigué à l'excès, sans force et n'ayant plus qu'une voix
éteinte, M. le Président cria que lui était personnellement
inculpé. Il se leva de sa place, donna sa démission, et laissa
l'Assemblée sans chef. Dans son absence le règlement de
l'Assemblée appelait à sa place son prédécesseur. M. de Clcr-
mont-Tonnerre présida l'Assemblée. Et il a été décrété que
le Corps législatif en France ne serait composé que d'une seule
Chambre.

Des dames parisiennes, au nombre de onze, décorées en blanc,
furent, à l'imitation des dames romaines, offrir à l'Assemblée
leurs bijoux, valant 600.000 livres, pour contribuer au soulage-
ment de la patrie. Elles furent bien reçues de l'Assemblée, qui
les retint au milieu d'elle pendant la séance. Les cultivateurs
d'un village présentèrent un autre jour aux besoins de la
Patrie un don gratuit de 800 livres ; on les applaudit avec
transport et émotion, qui est le véritable hommage qu'on
doit à la vertu ; on les fit assister à la séance au milieu de
l'Assemblée.

On fit à l'Assemblée lecture d'une adresse de la municipalité
de la ville de Rennes qui proscrit le *Veto royal* et déclare
ennemis de la patrie ceux qui voteront en sa faveur. Plusieurs
députés se déchaînèrent contre cet acte extraordinaire, où des
officiers de police d'une seule ville s'érigent en juges des représentants d'une nation et croient qu'il est en leur pouvoir de les

rendre infâmes. Il y eut un député qui, en dénonçant la déclaration de la municipalité de Rennes comme attentatoire à la liberté de l'Assemblée nationale, comme attentatoire aux vœux déclarés de la Nation, demanda un décret de l'Assemblée qui la désavouât, qui la réprouvât, qui la proscrivit avec les qualifications qu'elle avait encourues. MM. Mirabeau frères s'élevèrent contre le même acte, mais en faisant observer que, si l'Assemblée délibérait trop longtemps, elle aurait l'air d'un géant qui *pour paraitre grand se monte sur ses pieds*; ils assimilèrent l'adresse de Rennes aux motions du Palais-Royal, au moyen de ce que l'Assemblée consentit, par un sentiment d'indulgence, que le député qui avait porté l'adresse sur le bureau la retirât. Tout se termina là.

Après de très grandes discussions sur le *veto*, qu'on confondait avec le mot *sanction*, un député mit de côté le mot sanction et le mot veto et il rédigea les questions en la manière suivante : « Le consentement du Roi sera-t-il nécessaire aux lois qui établissent la Constitution? Le consentement du roi sera-t-il indéfini ou suspensif? S'il est suspensif, pendant combien de législatures ou de sessions le sera-t-il ? » Le premier article fut retranché : tout le monde pensait que le roi ne doit pas refuser son consentement à la Constitution ; mais on a jugé dangereux de mettre la chose en délibération et de la décider par un décret. La rédaction des autres articles proposés par un autre [député], dont le premier était : Y aura-t-il une sanction royale? 2° La sanction sera-t-elle nécessaire aux lois? 3° La sanction sera-t-elle absolue ou suspensive ? 4° Quelle sera la durée de la suspension? Sur la première question il a été décidé que le consentement du Roi serait nécessaire aux actes législatifs ; et il n'y eut que 100 voix contre toute autre espèce de *veto*. Sur la seconde question il a été décidé que le refus du roi serait suspensif, non pas indéfini, à la majorité de 673 contre 325. La troisième question, sur la durée du refus, fut renvoyée à une autre séance.

Adieu. Le trajet me sera moins long par son espace que par le temps qu'il me faut pour atteindre au but désiré, celui de t'embrasser et de te persuader de vive voix que je serai à jamais le plus affectionné de tes frères.

DENEVERS

III

Paris, ce 26 juin [1791] (1).

Je m'empresserais de te donner, cher frère, l'analyse des nouvelles relatives à l'évasion du roi, si je ne te savais abonné au *Courrier français* (2), dont je ne pourrais t'offrir qu'une compilation. Cet événement a électrisé tous les cœurs froids. La tranquillité majestueuse du peuple de Paris doit déconcerter nos ennemis : il est déterminé à vivre libre ou à mourir.

L'Assemblée nationale a déployé beaucoup d'énergie et de dignité; elle s'est vraiment comportée comme une divinité; aussi est-elle adorée de même. Il règne partout un même esprit, une même harmonie, qui ne sont que le résultat des progrès de la raison. Plusieurs royalistes même sont indignés de la lâcheté du roi. On a fait plusieurs bons mots sur son départ. En voici un. Un monsieur, parlant du roi, disait qu'il n'était pas joueur et qu'il ne faisait quelquefois des paris que de petits écus : « C'est incroyable, répondit un autre, qu'il ait joué sa couronne au vingt-un (jeu de cartes connu). » Pour sentir l'effet du calembour, il faut observer qu'il partit le 21 juin.

Nous comptons voir dans peu quelque décollation légale ; c'est nécessaire. Il faut espérer que, malgré les divers orages, le vaisseau de l'Etat surgira heureusement au port...

DENEVERS.

IV

Sans date.

[*septembre* 1791].

..... Une députation de 60 membres de l'Assemblée présenta hier soir la Charte constitutionnelle au roi, qui répondit qu'il était décidé à ne pas sortir de Paris, pour prendre une détermination précise sur cette offre importante, qu'il ferait con-

---

(1)　*A Monsieur*

　　M. *Denevers fils, notaire chez Monsieur son père,*
　　à La Roquebrou, près Montvert,

par Tulle.

(2) Sur ce journal, fondé par Poncelin, qui parut de juin 1789 au 18 fructidor an V, voir Maurice Tourneux, *Bibliographie*, t. II, n° 10220.

naître dans le plus bref délai. Ceci dérange sans doute les spéculations des factieux Barnave, Lameth et compagnie.

. . . .

DENEVERS,

Au cimetière Saint-André, hôtel de Provence,

A Monsieur,

M. Denevers fils, notaire royal, chez Monsieur son père,
à La Roquebrou, près Montvert,

par Tulle.

V

Paris, 16 nivôse, l'an 2ᵉ de la République française,
une et indivisible [5 janvier 1794].

. . . .

Ma place est assez agréable. Je suis dans un bureau de la Convention. Elle réunit deux avantages, en ce qu'elle me donne une existence moins pénible et que je lui dois mon séjour encore à Paris...

Avez-vous fermé à Laroque l'église et fait un temple de la Raison ? Je le désire (1). Je n'ai jamais varié sur la religion.

Adieu, salut, amitié et fraternité.

DENEVERS.

Au citoyen Denevers fils notaire, chez le citoyen son père,
à La Roquebrou près Montvert,

par Tulle.

VI

Paris, ce 29 floréal, l'an 2ᵉ de la République française
une et indivisible [18 mai 1794].

. . . .

J'ai déjà parlé et fait parler à Carrier, pour notre frère Timothée (2), mais avant tout il est indispensable de con-

(1) La chose fut exécutée ; mais nous n'en connaissons pas la date exacte. Quoi qu'il en soit, le regretté Isidore Calle, dans son *Histoire de La Roquebrou,* mentionne que, lors de *la fête anniversaire de la juste punition du dernier roi des Français,* le 14 pluviôse an II (2 *février* 1795), « tous les citoyens furent invités à se rendre au son de trompe au Temple de la Raison, ci-devant église paroissiale ».

(2) Marie-Giraud-Timothée Denevers, né à La Roquebrou le 22 janvier 1774, caporal au 3ᵉ bataillon des volontaires du Cantal en 1795.

naître parfaitement où il est pour le faire recommander au représentant du peuple qui est dans cette partie de la République. J'aurais désiré qu'il me l'eût appris lui-même, pour me mettre à même de faire apprécier son écriture. Je ne te dissimule cependant pas que Carrier n'est pas facile à mener ; c'est un homme très entier, et il a de la peine à faire quelque chose pour ceux qu'il ne connait pas bien ; il craint d'être trompé. Aussi faut-il le bien saisir pour en obtenir même ce qu'il a promis. Au surplus je ferai tout ce qui dépendra de moi.

Je suis surchargé d'ouvrage dans ma nouvelle place ; j'en suis cependant bien aise ; je me distrais des idées mortelles inséparables des événements qui se succèdent ici ; on y est cependant très tranquille, mais tous les jours la guillotine va son train ; heureusement elle ne frappe que des royalistes par excellence ; nous y avons perdu Thouret (1), notre ex-président, homme du plus grand talent. Il parait que tout son crime était d'avoir été un des principaux réviseurs à l'Assemblée constituante. J'ai souvent admiré le mérite de cet homme, qui s'était très bien comporté dans ses fonctions judiciaires ; je fais cependant le sacrifice de mes regrets au salut de la République, dont j'avais tant désiré l'établissement, parce qu'au fond je crois qu'il était un peu royaliste, mais il avait trop d'esprit pour sortir du cercle de ses pouvoirs et pour se mêler dans quelques complots qui ont toujours servi de précipice à ceux qui les ont formés.

Pour moi, je vis isolé, je ne me mêle de rien, je fais mon devoir, je travaille beaucoup, je suis difficile sur le choix de ceux que je fréquente ; car, par suite des liaisons trop faciles, bien des personnes se sont trouvées compromises. Je vis amicalement avec les membres de la section du tribunal dont je suis greffier. J'ai Coffinhal (2), homme de talent, mais d'un flegme

(1) Jacques-Guillaume Thouret, né à Pont-l'Evêque le 30 avril 1746, guillotiné à Paris le 22 avril 1794, député du Tiers aux Etats généraux pour la ville de Rouen ; fut nommé juge au Tribunal de Cassation le 20 avril 1791.

(2) Joseph Coffinhal, né à Vic-sur-Cère le 11 février 1756, mort à Paris le 1er septembre 1840, fut nommé juge au Tribunal de Cassation le 15 octobre 1795. Membre du Corps législatif en 1807, il fut fait baron par Napoléon en 1813, se rallia à Louis XVIII en 1814, et continua à siéger à la Cour de Cassation. Il était le frère du trop célèbre vice-président du Tribunal révolutionnaire, guillotiné le 6 août 1794 (Voir *la France médicale*, année 1903, p. 108).

étonnant, et en général cette section est la mieux composée sous les rapports du talent et du civisme.

Les vivres sont ici fort chers, mais avec de l'argent on a toujours de tout. Croirais-tu qu'il m'en coûte tous les jours 3 livres 10 sols pour dîner ? Heureusement ce seul repas me suffit pour ainsi dire...

Salut et amitié fraternelle,

DENEVERS.

Au citoyen Delzortz (1),
commissaire national près le tribunal de district
pour remettre de suite au citoyen Denevers,
fils aîné, notaire à La Roquebrou.
A Aurillac, département du Cantal.

VII

Paris, ce 5 germinal, l'an 2ᵉ de la République française
une et indivisible [25 mai 1794].

Je t'aurais écrit plus tôt, mon cher frère, sans mon incertitude sur la place que je devais occuper. Du Comité de salut public, Carrier devait me placer à la Commission de l'envoi des lois, nouvellement formée, avec des appointements de 2.400 livres, et j'étais rappelé au tribunal où je viens de me réinstaller. Cette place est aussi sûre qu'il est permis de le désirer en ce temps-ci; d'ailleurs c'est un genre de travail que je connais. Le tribunal est divisé en trois sections ; je suis exclusivement chargé de la section civile de cassation, la plus importante sans doute; je tiens cette audience, je rédige tous les jugements qui s'y rendent, et je les porte sur mon registre plumitif; voilà tout mon objet, il est assez conséquent et même très instructif. Je suis pour ainsi dire indépendant.

Je suis dans ce moment très occupé; j'ai trouvé beaucoup

(1) Louis Delzortz de La Barthe, né au château de La Barthe, baptisé à La Roquebrou le 24 juillet 1755, fils de Jean-Charles Delzortz de La Barthe et de Camille de Valuex, beau-frère d'Hébrard, acquit de Pierre Colinet de Niocel la charge de lieutenant criminel à Aurillac, le 13 février 1779, fut nommé membre de la Commission créée pour la formation et l'organisation du département du Cantal, par lettres patentes du Roi du 29 avril 1790. Commissaire national près le tribunal du district d'Aurillac, il conserva ses fonctions judiciaires sous l'Empire et la Restauration et mourut juge du tribunal civil d'Aurillac le 17 décembre 1824. De son mariage, contracté le 30 avril 1782, avec Marie-Louise-Henriette de Fortet de Cavanhac, il ne laissa pas d'enfants.

d'arriéré ; je veux me mettre à jour et me rompre dans mes nouvelles fonctions. J'ai cent louis d'appointements, avec espoir d'autres avantages ; je dois aussi avoir mon logement, que je dois meubler ; je ne l'occupe pas encore ; les meubles sont ici d'une cherté incroyable ; mais, indépendamment qu'on est à chaque instant inquiété dans les hôtels garnis, je dois me rapprocher. Je restais près de la Convention, quartier très opposé à celui du tribunal. Je trouverai d'ailleurs une épargne de 20 livres par mois et la plus parfaite tranquillité ; j'ai bien déjà quelques meubles.... ; j'ai acheté un seul matelas, qui m'a coûté 90 livres ; c'est extrêmement cher.

DENEVERS,

*Commis-greffier du tribunal de Cassation en face
du Panthéon français, aux ci-devant Ecoles de Droit.*

*Au citoyen Denevers fils,
   notaire public, chez le citoyen son père
      à La Roquebrou, près Montvert,*

par Tulle.

VIII

Sans date.

[*Après le 9 thermidor an II.*]

. . . .

... J'espère que le nouvel ordre des choses va mettre en action les vertus qui étaient à l'ordre du jour dans la bouche de nos nouveaux tyrans...

Les livres sont d'une cherté horrible. La meilleure édition de Jean-Jacques en 37 volumes, après celle de Kehl, se vend 150 livres bien conditionnée. Beaucoup de monde la préfère même à celle de Kehl pour la pureté du caractère.

Je ne puis encore te donner les détails des derniers événements : les deux Robespierre, Couthon, Saint-Just ; trois autres députés ; Dumas, président du Tribunal révolutionnaire ; son substitut Coffinhal, frère de notre juge de ce nom ; le maire de Paris, l'agent national et autres, avec Hanriot, commandant de la garde nationale, ont péri sur l'échafaud. Toute la Commune de Paris a été mise hors la loi ; le décret a été exécuté aujourd'hui. Les Jacobins n'existent plus ; ses clefs ont été portées à la Convention, qui a déployé la plus grande énergie. Robespierre et compagnie avaient dressé leurs batteries ; les projets de ce tyran

sanguinaire ont été dévoilés ; il aspirait à la dictature ; il avait
beaucoup d'autorités constituées à sa dévotion. Après le décret
d'accusation porté contre eux, ils se sont réfugiés dans le sein
de la Commune de Paris, qui les a reçus à bras ouverts, et qui
s'est ensuite déclarée en insurrection contre la Convention. Elle
avait fait prêter serment à la gendarmerie, ainsi qu'aux canonniers, qui étaient d'abord pour elle, mais enfin ils sont revenus de
l'erreur lorsque la Convention l'a mise hors de la loi et ont
dirigé leurs canons contre elle. On met déjà en liberté beaucoup de personnes que les tyrans avaient fait incarcérer pour
les sacrifier à leur barbarie. Le peuple s'est supérieurement
bien montré : il est bon ; il s'est rangé autour de la Convention
et a applaudi au supplice de nos nouveaux Catilinas avec
enthousiasme.

Adieu, je t'écrirai au premier jour.

Tout s'est passé le 9 de ce mois et la nuit du 9 au 10.

D.

Au citoyen Denevers fils, chez le citoyen son père,
à La Roquebrou, près Montvert,
par Tulle.

IX

Paris, le 12 ventôse, l'an 3ᵉ de la République [2 mars 1795].

... Tout est ici d'une cherté horrible ; les gens appointés et
les rentiers sont les plus malheureux : j'ai déjà 5.000 livres, et je
ne puis vivre convenablement...

Je crois t'avoir appris dans le temps ma rupture avec le greffier en chef, qui, de sa propre autorité, m'avait remercié, parce
que j'avais été l'organe de mes autres confrères, dont j'ai la
confiance, pour lui demander une augmentation de traitement. Heureusement je n'ai resté destitué que pendant vingt-
quatre heures. Le tribunal entier, à l'exception du président
d'alors, qui protégeait notre greffier en chef, prit mon parti, et
me réintégra dans mes fonctions. Il prit à cet égard une délibération en ma présence et celle du greffier, par laquelle il
nomma trois commissaires pour vérifier les états de dépenses
et recettes, pour ensuite fixer notre traitement et dénoncer le
greffier, s'il était trouvé en défaut. Tout s'est calmé, et cette
délibération, qui existe encore, n'a pas été exécutée. L'intérêt

que le tribunal prit à mon égard a été pour moi un nouvel encouragement à mieux faire pour justifier l'estime qu'il avait pour moi; aussi depuis je remplis ma tâche avec tout le soin possible.

La Commission des 21 a déclaré qu'il y avait lieu à accusation contre les quatre grands prévenus (1); Vadier s'est échappé; les terroristes sont poursuivis ici avec chaleur; la jeunesse surtout se prononce fortement contre eux.

Adieu...

DENEVERS.

X

Paris, 24 germinal an 3e [13 avril 1795].

. . . .

Notre frère Timothée vient de m'écrire ..... Il est caporal dans le 3e bataillon du Cantal, au camp de devant Mayence, armée de la Moselle, attaque de gauche, division du général Paillard...

Nous sommes ici aux abois; je ne puis plus y tenir; il est bien malheureux, en effet, d'être réduit à 3 onces de pain par jour et de payer un repas 8 à 9 livres. L'aune de drap fin coûte ici 250 livres; une culotte commune se porte à 100 livres; les souliers, 45 livres; je me trouve heureux d'en avoir huit paires de neufs; la poudre, 18 livres; le blanchissage d'une chemise, une livre, etc.

La paix est enfin conclue avec la Prusse (2); elle a été annoncée à la Convention; il paraît que nous l'aurons bientôt avec d'autres Puissances. Tant mieux, nous en avons grand besoin : le prix des choses baisserait nécessairement.

DENEVERS.

Au citoyen Denevers, etc.

XI

Paris, le 3e jour complémentaire an IV
[19 *septembre* 1796].

... On vient d'accorder des vacances aux tribunaux civils. Si le Tribunal de cassation en avait accepté, j'aurais saisi cette

---

(1) Barère, Billaud-Varenne, Collot d'Herbois et Vadier.
(2) Traité de Bâle, signé le 5 avril 1795.

occasion pour venir t'embrasser, mais j'espère que l'année prochaine il lui en sera accordé sans nuire au service public : je pourrai alors aller au pays.

Adieu, je te souhaite une bonne année républicaine (1).

Denevers.

Au citoyen Denevers,
notaire public et secrétaire de l'administration municipale
à La Roquebrou (2).

XII

Paris, 25 prairial an XI [14 juin 1803].

... Je cédais enfin au désir de voir mes parents et quelques anciens amis. Plusieurs circonstances ont d'abord suspendu mon départ; tous nos enfants ont successivement été malades. J'ai même perdu celui que j'aimais le plus... Enfin la guerre avec l'Angleterre (3) ne me permet plus de réaliser mon projet; elle est pour moi un puissant motif de ne pas quitter Paris et de réunir mes petits capitaux pour les employer utilement...

Je suis le principal auteur d'un ouvrage sur la jurisprudence du tribunal de cassation (4) ; si tu le désires, je t'en ferai expédier un exemplaire, que je te prierai d'accepter.

Denevers.

A M. Denevers-Bousquet (5),
notaire public à La Roquebrou, à Aurillac.
Cantal.

(1) L'année républicaine commençait le 22 septembre (1er *vendémiaire*).
(2) Il devint maire dans la suite de 1808 à 1829.
(3) Rupture de la paix d'Amiens.
(4) *Jurisprudence du Tribunal de Cassation ou Précis de tous les jugements de rejet et de cassation sur des points importants du droit et de la procédure...* par le citoyen Sirey... et le citoyen Denevers... Paris, Laporte, 1802, in-4°.
(5) Pierre-Hilaire Denevers, dit *Denevers-Bousquet*, du nom de sa mère, né à La Roquebrou le 14 janvier 1766, mort dans cette ville le 18 juin 1829. Il fut maire de La Roquebrou de 1808 à 1829.

XIII

Paris, 21 *messidor an XI* [10 *juillet* 1803].

... Je suis bien aise que les hommes de loi d'Aurillac aient accueilli favorablement mon ouvrage; j'ai lieu d'être flatté de celui qu'il a reçu ici; je te l'enverrai sous peu ainsi qu'à nos deux frères Bousquet et le receveur.

D.

A M. Denevers-Duverdier (1),
notaire public à La Roquebrou.

XIV

Paris, le 1ᵉʳ *jour complémentaire de l'an XI*
[18 *septembre* 1803].

... A partir de vendémiaire an XII, mon association avec Sirey (2) n'aura plus lieu; je vais publier seul le recueil sous un nouveau titre avec plus d'étendue (3), je joins ici mon *prospectus.* Dans le moment cette entreprise me cause beaucoup d'embarras et rend nécessaire d'assez fortes avances.

D.

A M. Denevers-Bousquet, etc.

La correspondance continue jusqu'au 7 août 1812. Dans sa dernière lettre il se plaint de sa santé chancelante; il a, dit-il, une affection nerveuse, due à un excès de travail. Il se plaint aussi de son concurrent, son ancien associé

---

(1) Joseph-Bernard Denevers, dit *Denevers-Duverdier*, né à La Roquebrou le 15 janvier 1761, mort au Lac, commune de Saint-Gérons, le 21 septembre 1838.

(2) Jean-Baptiste Sirey, né à Sarlat en 1762, mort à Limoges en 1845. D'abord vicaire général de l'évêque de Périgueux, devint ensuite attaché au Comité de législation de la Convention, adjoint au chef de la division criminelle au ministère de la Justice sous le Directoire; après le 18 brumaire il fut avoué au Tribunal de Cassation, puis avocat à la Cour de Cassation. Il a publié beaucoup d'ouvrages de droit, très appréciés.

(3) *Journal des audiences de la Cour de Cassation, ou recueil des principaux arrêts rendus depuis* 1791 *jusqu'à l'an* 1813. Paris, 1809-1814, 11 vol. in-4°.

Sirey, et de pertes d'argent consécutives à ses rapports avec les libraires pour la vente de son journal. Malgré cela, il ajoute : « *Le grand succès qu'il a obtenu me conduira à une fortune à laquelle j'étais loin de m'attendre et qui me permettra de bien établir mes chers enfants, au nombre de quatre, deux garçons et deux filles; ... Mon aîné âgé de quinze ans et quelques mois est depuis quatre ans au collège Sainte-Barbe, d'où il va au Lycée Impérial... Il me serait bien doux, après vingt-quatre ans d'absence, de voir un frère que je chéris... (1).* »

L'écriture tremblée de cette dernière lettre, les ratures et surcharges nombreuses attestent bien le mauvais état de santé de son auteur, qui mourut à Paris, l'année suivante, à l'âge de cinquante-six ans, le 23 septembre 1813.

(1) Depuis le 10 mai 1804, Denevers se servait d'un papier à lettre dont les premières lignes imprimées portaient :
G. T. Denevers, *greffier de la Section civile de la Cour de Cassation, et rédacteur du Journal des audiences de la même Cour, rue du Coq-Saint-Honoré*, n° 13.

(Extrait de *la Révolution française*,
N° 29. — 1926.)

Paris. — L. MARETHEUX, imprimeur, 1, rue Cassette — 15358.

9 782329 640600